ASÍ COMO PIENSES SERÁ TU VIDA

ASÍ COMO PIENSES
SERÁ TU VIDA

James Allen

Versión libre y actualizada
de Mestas Ediciones

M MESTAS EDICIONES

PROYECTO
METACRECIMIENTO
Desarrollo Personal y Empresarial

© MESTAS EDICIONES
Avda. de Guadalix, 103
28120 Algete, Madrid
Tel. 91 886 43 80
E-mail: info@mestasediciones.com
www.mestasediciones.com

© Derechos de Traducción: Mestas Ediciones

ISBN: 978-84-18765-46-9
Depósito legal: M-2252-2023
Printed in Spain - Impreso en España

Primera edición: *Marzo, 2023*
Segunda edición: *Diciembre, 2023*
Tercera edición: *Marzo, 2024*

Advertencia legal: Queremos hacer constar que este libro es de carácter meramente divulgativo, donde se exponen consejos prácticos para mejorar situaciones personales y/o profesionales. No obstante, las siguientes recomendaciones no son una ciencia exacta, y la información que figura en esta obra no garantiza que se alcancen los mismos resultados que describe el autor en estas páginas, por lo que ni el autor de la obra ni la editorial Mestas Ediciones se hacen responsables de los resultados que se obtengan siguiendo este método. Consulte siempre a un profesional antes de tomar cualquier decisión. Cualquier acción que usted tome, será bajo su propia responsabilidad, eximiéndonos al autor y a la editorial de las responsabilidades derivadas del mal uso de las sugerencias del libro.

INTRODUCCIÓN

Hoy en día, gracias a los avances de la física cuántica y de la neurociencia, sabemos que nuestros pensamientos afectan a nuestra vida y que, tarde o temprano, **nuestra visión del mundo acaba por convertirse en nuestra realidad**. Esto ya lo anticipó James Allen hace más de cien años. Por aquel entonces no se conocían los detalles científicos que en este siglo están a la orden del día.

En la obra que tienes en tus manos, una edición completamente actualizada, Allen nos presenta con una absoluta maestría los principios universales que rigen nuestra línea vital. Aplicando el método del ensayo y el error descubrió de qué manera nuestros pensamientos afectan al tipo de vida que llevamos. Por esa razón, puso todo su empeño en averiguar los tres «cómos»: cómo reiniciar, cómo modificar y cómo crear nuevos patrones de conducta dentro de la mente subconsciente. Aquí encontrarás algunas de las claves que te ayudarán a entender estos tres «cómos» y a dar un vuelco positivo a tu existencia.

> *«El que quiera conseguir poco debe sacrificar poco; el que quiera conseguir mucho debe sacrificar mucho.»*

James Allen fue un escritor y filósofo británico conocido por sus libros *inspiracionales* y por ser uno de los pioneros en el mundo del desarrollo personal. «Así como pienses será tu vida» es su obra más conocida, ha vendido millones de ejemplares desde su publicación, convirtiéndose en una referencia para todo aquel que desee avanzar en la vida y generar abundancia. De hecho, es uno de los textos más influyentes de la historia, traducido a decenas de idiomas.

Allen comenzó su carrera literaria a finales del siglo XIX, publicando artículos en la revista *The Herald of the Golden Age*. Con el inicio del siglo XX, publicaría sus primeros escritos relacionados con la espiritualidad y la filosofía metafísica. Su estilo de escritura, sencillo y directo, ayudó a que su trabajo fuera fácilmente accesible para el gran público. Sus enseñanzas son consideradas como una fuente de inspiración y motivación para muchas personas, incluyendo a líderes mundiales, grandes administradores de empresas y personalidades famosas. Tras su fallecimiento en 1912, su legado continuó entusiasmando a generaciones de lectores de autoayuda y superación. Su impacto en el mundo del desarrollo personal y profesional, y la filosofía New Age, ha sido incalculable, y, aún en la actualidad, su producción sigue siendo estudiada y aplicada en diversos contextos.

> *«Una persona solo está limitada por los pensamientos que elige tener.»*

«Así como pienses será tu vida» se centra en una máxima: **nuestros pensamientos y creencias afectan a las acciones que realizamos y a los resultados que estas producen**. Es decir, nuestra forma de pensar atraerá la vida que creemos que vendrá, no la que deseamos. En aquello en lo que nos concentremos mentalmente, ya sea positivo o negativo, será lo que llegará a nuestra existencia inmediata. Si no nos gustan las circunstancias que estamos experimentando en la realidad externa, debemos en primer lugar cambiar nuestra forma predominante de pensar. Al transformar nuestros pensamientos, en la zona interior del ser, dicha realidad variará en consonancia en el mundo exterior.

El hombre es lo que piensa. Nuestros pensamientos son los que moldean nuestra realidad y determinan nuestra calidad de vida. Allen afirma que las personas no somos víctimas de las circunstancias, sino que somos los arquitectos del destino que estamos creando de forma «pensamental», aunque la mayoría de las personas no seamos conscientes de ello.

«Las acciones son los brotes del pensamiento y la alegría y el sufrimiento son sus frutos.»

Otros temas importantes en el arte de crear son el poder de la concentración (es decir, la cualidad de enfocarnos mentalmente en aquello que deseamos atraer), la gratitud (o el hecho de estimar aquello que nos da el Universo, La Naturaleza, Dios, o como lo quieras llamar) y la capacidad de aceptación (que sería recibir con alegría todas y cada una de las situaciones vividas). Todas estas cuestiones son pilares fundamentales para alcanzar la paz, el equilibrio y la felicidad.

En resumen, este libro ofrece una perspectiva única sobre la mente humana y su capacidad para moldear tus días. A través de las enseñanzas de James Allen, **aprenderás a controlar tus pensamientos y a tomar acción para alcanzar una existencia plena y feliz**. Pon todo esto en práctica, y estarás más cerca de la vida de tus sueños.

El editor

«Los soñadores son los que salvarán al mundo.»
James Allen

PRIMERA PARTE:
ASÍ COMO PIENSES SERÁ TU VIDA

James Allen

«El hombre será castigado por las circunstancias, siempre y cuando siga creyendo ser una persona creada por las condiciones externas; pero cuando se da cuenta de que puede ordenar a la tierra y las semillas de su ser, de las cuales provienen los acontecimientos o circunstancias, es entonces cuando se convierte en el amo y señor de sí mismo, en el capitán de su propio destino.»

PREFACIO

Este pequeño volumen (resultado de una profunda meditación, estudio y experiencia) no pretende ser un pesado tratado sobre el tema del poder del pensamiento, del que tanto se ha escrito. Es un libro que pretende sugerir más que explicar, siendo su objetivo estimular a hombres y mujeres al descubrimiento de la verdad, a darse cuenta de que:

«Los seres humanos son
los creadores de sí mismos».

En virtud de los pensamientos que ellos elijan y en los que decidan enfocarse. La mente es la que unifica, tanto de su mundo interior —el que forja el carácter de las personas—, como del exterior —sus circunstancias—. Y si hasta este momento esa mente solo ha unido la ignorancia y el dolor, a buen seguro que ahora podrán unir el entusiasmo y la felicidad.

James Allen

CAPÍTULO 1

PENSAMIENTO Y CARÁCTER

La máxima que dice «un hombre es como piensa su corazón» o «como un hombre piensa en su corazón, así es él,» (Proverbio 23:7, de la Biblia) no solo abarca la totalidad de su ser, sino que es tan comprensivo que llega a cada condición y circunstancia de su vida.

Un hombre es literalmente lo que piensa; su carácter es la suma total de todos sus pensamientos.

Como una planta brota de una semilla y no puede vivir sin ella, de igual manera cada acto de un hombre nace de las semillas invisibles del pensamiento, y sin ellas jamás hubiese germinado. Esto se aplica de igual forma a los actos «espontáneos» y «no premeditados» como a aquellos que son deliberadamente ejecutados.

Las acciones nacen del pensamiento, y el placer o el dolor son sus frutos; por lo tanto, el hombre recoge el fruto dulce o amargo de lo que siembra.

El pensamiento que nace en nuestra mente nos ha creado. Lo que somos ha sido forjado y construido por nuestros pensamientos. **Si la mente de un hombre tiene malos pensamientos, el dolor vendrá hacia él sin que pueda hacer nada por evitarlo... Sin embargo, si uno mantiene un pensamiento positivo, con seguridad la alegría lo seguirá como si fuera su propia sombra.**

La evolución del hombre debe estar alineada con esta ley, y no con la creación de artificios. La *ley de causa y efecto* es tan absoluta e inevitable en el reino oculto del pensamiento como lo es en el mundo de las cosas visibles y materiales. Un carácter noble y sublime no es un hecho del azar o un don, sino que es el resultado natural de un esfuerzo constante encaminado a tener los pensamientos adecuados, es el efecto de una larga y apreciada asociación con pensamientos divinos. Por el mismo proceso, un carácter indigno y bestial, es el resultado de pensamientos destructivos albergados de forma permanente.

El hombre se hace o se deshace a sí mismo; en el arsenal del pensamiento forja las armas con las que se destruye. También elabora las herramientas con las que construye para sí el palacio de su felicidad y paz. A través de la correcta y verdadera aplicación del pensamiento, el hombre asciende a la perfección divina;

mientras que por medio del abuso de los pensamientos más autodestructivos, desciende a los infiernos. Entre estos dos extremos están todos los grados intermedios que definen el carácter del hombre, carácter del cual es el único creador.

De todas las verdades maravillosas del alma que se han restaurado y sacado a la luz en esta época, ninguna es más regocijante y fructífera, ni está tan llena de promesas divinas y esperanza como esta:

> El hombre es el dueño de sus pensamientos, el moldeador de su carácter, el creador y organizador de sus aptitudes, al igual que de su entorno y de su destino.

Dado que el hombre es un ser de **Poder, Inteligencia** y **Amor**, y señor de sus propios pensamientos, tiene la llave de cada situación, y tiene dentro de sí todas las herramientas necesarias para transformarse en aquello que desea.

El hombre es siempre su maestro, incluso en su estado más débil y de mayor abandono; pero en su debilidad y degradación, es el jefe irresponsable que administra mal su «empresa». Cuando el hombre empieza a reflexionar sobre su condición, y a buscar diligente y eficientemente dentro de sí, se convierte en el capitán de su propio destino, canalizando sus energías con inteligencia y elaborando sus pensamientos con resultados fructíferos. Así actúa una persona consecuente con maestría, y el ser humano únicamente llega a serlo descubriendo dentro de sí mismo las leyes del pensamiento; tal descubrimiento es únicamente una cuestión de aplicación, autoanálisis, y experiencia.

Solo después de una larga búsqueda y mucho trabajo se logra la obtención del oro y los diamantes; asimismo, el hombre puede encontrar cada verdad unida con su ser si excava profundamente en la mina de su alma.

De esta manera descubrirá que es el hacedor de su carácter, el modelador de su vida, y el constructor de su destino; lo puede comprobar con seguridad: si observa, controla y modifica sus pensamientos, reconociendo sus efectos sobre sí mismo, sobre los demás y sobre su vida y circunstancias; vinculando causa y efecto con la práctica paciente y la investigación, utilizando cada una de sus experiencias, incluso las más insignificantes, como un medio para obtener ese conocimiento de sí mismo. En este sentido, como en ningún otro, es la ley absoluta de que «el que busca, halla, y al que llama, se le abrirá»; porque solo con paciencia, práctica, y empeño incesante puede un hombre entrar en la **Puerta del Templo del Conocimiento**.

CAPÍTULO 2

EL EFECTO DEL PENSAMIENTO SOBRE LAS CIRCUNSTANCIAS

La mente de un hombre se puede comparar con la de un jardín, el cual debe ser cultivado inteligentemente y crecer radiante de belleza, o bien ser abandonado y llenarse de malas hierbas.

Pero una vez que decidamos cultivarlo o descuidarlo, producirá su cosecha, sea la que sea. Por lo tanto, si no se siembran semillas útiles, una gran cantidad de semillas destructivas llegarán a la tierra y acabarán dando frutos igualmente negativos.

Del mismo modo que un jardinero cultiva su parcela, manteniéndola libre de malas hierbas y cultivando las flores y los frutos que desea, así puede el hombre atender el jardín de su mente, dejando fuera todos los malos e inútiles pensamientos impuros, y cultivando con esmero las flores y frutos de los pensamientos correctos, útiles y honestos.

Mediante la aplicación de este proceso, el hombre tarde o temprano descubrirá que es el jardinero y dueño de su alma, el capitán de su vida. Además, descubrirá en sí mismo las leyes del pensamiento y comprenderá, cada vez con mayor precisión, cómo las fuerzas del pensamiento y los elementos de la mente operan en la formación de su carácter, de sus circunstancias y de su destino. El pensamiento y el carácter son uno, y como el carácter solo se puede manifestar y descubrir a través del entorno y sus circunstancias, las condiciones externas de la vida de una persona parecerán estar siempre en armonía con su estado interior. Esto no significa que las circunstancias de una persona en un momento dado sean un indicador de *todo* su carácter, sino que esas circunstancias están íntimamente conectadas con algún elemento fundamental del pensamiento dentro de sí mismo que, por el momento, son indispensables para su desarrollo.

Cada hombre es quien es por el uso que hace de su pensamiento.

Los pensamientos que han establecido su carácter lo han llevado a ser la persona que es en la actualidad.

En el ordenamiento de su vida no hay ningún elemento al azar, todo es el resultado de una ley que no falla nunca. Esto es totalmente cierto, tanto para los que se sienten a gusto con la vida que llevan como para los que están a disgusto y reniegan de su realidad y de su entorno.

El hombre es un ser que está en constante progreso y evolución; está donde está, para que aprenda que puede crecer; y mientras aprende la lección espiritual que cada circunstancia le ofrece, esta desaparece y da lugar a otras nuevas circunstancias.

El hombre será castigado por las circunstancias, siempre y cuando siga creyendo ser una persona creada por las condiciones externas, pero cuando se da cuenta de que puede influenciar y ordenar a la tierra y a las semillas de su ser de las cuales provienen los acontecimientos o circunstancias, se convertirá entonces en el perfecto amo y señor de sí mismo, en el capitán de su propio destino.

Todo hombre que haya practicado el autocontrol y la autopurificación durante algún tiempo sabe que las circunstancias nacen del pensamiento, puesto que habrá notado que la alteración de sus circunstancias ha estado ligada a la variación de su estado mental. Esto es tan cierto que cuando un hombre se dedica con constancia a remediar los defectos de su carácter, y realiza un progreso rápido y marcado, pasa rápidamente por una sucesión de acontecimientos favorables y adversos.

El alma atrae aquello que alberga en secreto, aquello que ama, y también aquello que teme; alcanza la cúspide de sus aspiraciones más estimadas, cae al nivel de sus deseos más inmorales y las circunstancias son los medios por los cuales el alma recibe lo que es suyo.

Cada semilla del pensamiento cultivada en la mente produce el resultado de lo que ha sembrado, manifestándose tarde o temprano en acciones y elaborando sus propios frutos de oportunidad y circunstancias.

Los buenos pensamientos proporcionan buenos frutos, los malos pensamientos proveen malos frutos.

El mundo externo de las circunstancias toma forma en el mundo interior del pensamiento, y tanto las condiciones externas placenteras como las desagradables son factores que obran para el bien final del individuo.

> Como el segador de su propia cosecha, el hombre aprende tanto de su sufrimiento como de su felicidad.

Un hombre no llega a una casa de beneficencia o a la cárcel por la tiranía del destino o las circunstancias, **sino por un camino de pensamientos destructivos y de bajos deseos**. Un hombre de mente positiva no cae de repente en el crimen a causa del estrés o por fuerzas meramente externas; los pensamientos destructivos han sido fomentados secretamente en su corazón, y en el momento que se les presenta la oportunidad, revelan su poder acumulado.

> Las circunstancias no forman al hombre; sino que son el efecto de unos determinados pensamientos mantenidos en el tiempo.

No pueden existir condiciones semejantes como caer en el vicio y el sufrimiento y sus consecuencias, excluyendo sus inclinaciones viciosas, o ascender en la virtud y en la felicidad pura sin el cultivo continuado de pensamientos positivos. Por lo tanto, el hombre, como amo y señor de su pensamiento, es el hacedor de sí mismo y el modelador y autor de su entorno. Incluso en el nacimiento, el alma avanza por sí misma, y en cada paso de su peregrinación terrenal atrae aquella combinación de condiciones que la revelan, que son el reflejo de su propia pureza o impureza, su fuerza o su debilidad.

Los hombres no atraen aquello que quieren, sino lo que son.

Sus caprichos, fantasías y ambiciones se frustran a cada paso, pero sus pensamientos y deseos más íntimos se alimentan con su propio sustento, sean estos puros o impuros.

La «divinidad que da forma a nuestros deseos» está en nosotros mismos; es nuestro propio ser.

El hombre es prisionero solamente de sí mismo. El pensamiento y la acción son los carceleros del destino, nos aprisionan si son indignos; y son ángeles de libertad y nos liberan, si son nobles.

El hombre no consigue aquello que desea por sus continuas plegarias.

Sus deseos y oraciones son solo correspondidos cuando armonizan con sus pensamientos y sus acciones.

A la luz de esta verdad, entonces, ¿cuál es el significado de «luchar contra las circunstancias»? Significa que el hombre está continuamente rebelándose contra un *efecto exterior*, mientras está todo el tiempo fortaleciendo y preservando la *causa interior* en su corazón. Esa causa puede tomar la forma de un vicio consciente o de una debilidad inconsciente; pero sea lo que sea, retarda los esfuerzos de su poseedor, y en consecuencia implora a gritos por un remedio, por una ayuda.

Los hombres están deseosos por mejorar sus circunstancias, pero son renuentes a superarse a sí mismos; por lo tanto, continúan maniatados. El hombre que no se amedrenta ante su propia crucifixión nunca fracasará en conseguir el objetivo que se proponga en su corazón. Inclusive el hombre cuyo único objetivo es el de conseguir riqueza debe estar preparado para realizar grandes sacrificios personales antes de lograr su propósito.

Piensa en un hombre pobre. Piensa en uno que está demasiado ansioso queriendo mejorar su entorno y las comodidades de su hogar. Pero que a pesar de todo elude su trabajo, y considera justificado el tratar de burlar a su jefe basándose en lo insuficiente que es su salario. Este hombre no entiende los elementos más simples de los principios que son la base de la verdadera prosperidad. No solo está totalmente incapacitado para rebelarse contra su miseria, sino que está actualmente atrayendo hacia sí mismo una desdicha aún más profunda, albergando y actuando con pensamientos indolentes, engañosos, y cobardes.

Piensa ahora en un hombre rico que es víctima de una enfermedad desgarradora y persistente como resultado de su voracidad, de sus ansias de comer. Está dispuesto a retribuir grandes sumas de dinero para recuperarse, pero no sacrificará sus deseos insaciables. Quiere satisfacer su gusto con una abundante y poco saludable comida, y disfrutar de igual manera de buena salud. Este hombre está totalmente imposibilitado para disfrutar de buena salud, porque no ha aprendido todavía los principios fundamentales de una vida saludable.

Piensa también en un empresario que adopta medidas indecentes para evitar el pago del salario establecido, con la esperanza de conseguir más beneficios; llega incluso a reducir los sueldos de sus trabajadores. Este hombre no está capacitado para el éxito, y cuando se encuentre en bancarrota, tanto en lo referente a su reputación como a sus riquezas, culpará a las circunstancias, sin saber que él es el único creador de su situación.

He presentado estos tres casos solo para ilustrar la verdad de que **el hombre es la causa** (aunque casi siempre de forma inconsciente) de sus circunstancias y que, aunque pretende llegar a buen término, constantemente frustra sus logros fomentando pensamientos y deseos que probablemente no armonizan con ese fin. Tales casos se podrían multiplicar y modificar de forma casi ininterrumpida, pero no será necesario, ya que el lector podrá, si así lo decide, describir la actuación de las leyes del pensamiento en su propia mente y vida, y hasta que lo realice, los simples hechos externos no pueden servir como base para el razonamiento.

Sin embargo, las circunstancias son tan complicadas, el pensamiento está tan profundamente arraigado, y las condiciones de felicidad varían tanto de una persona a otra, que la condición total del alma del hombre (aunque puede ser que él la conozca) no puede ser juzgada por otro solo por el aspecto externo de su solitaria vida.

Un hombre puede ser honesto en determinado momento, y aun así sufrir privaciones. Un hombre puede ser deshonesto en determinada situación, y a pesar de todo adquirir riquezas; pero la conclusión que usualmente se forma de que el primero falla debido a su particular honestidad, y el otro prospera debido a su peculiar deshonestidad, es resultado de un juicio superficial, que asume que el hombre deshonesto es corrupto casi por completo, y que el hombre honesto es casi enteramente virtuoso.

A la luz de un conocimiento más profundo y una mayor experiencia, se muestra que tal juicio es erróneo. El hombre deshonesto puede tener algunas virtudes admirables que el honesto no posee, y el hombre honesto tener algunos vicios inaguantables que están ausentes en el deshonesto. El hombre honesto no solo cosecha los buenos resultados de sus pensamientos y actos morales, sino que también lleva sobre sí mismo los sufrimientos que sus vicios producen. De igual manera, el hombre deshonesto recoge su propio sufrimiento y felicidad.

Nos complace dentro de nuestra vanidad creer que uno sufre a causa de su virtud. Pero hasta que el hombre no haya extirpado y sacado de raíz cada pensamiento malsano, cruel y corrompido de su mente, y haya purificado toda mancha pecaminosa de su alma, no estará en condición de saber y de decir que sus sufrimientos son el resultado de sus buenas, y no de sus malas cualidades.

Y en el camino hacia la perfección suprema, habrá descubierto trabajando en su mente y en su vida, la *Gran Ley* que es absolutamente justa, y que no puede dar bien por mal, ni mal por bien. En posesión de tal conocimiento, el hombre sabrá entonces, después de mirar atrás, hacia su pasada ignorancia y ceguera, que su vida está, y siempre estará, ordenada debidamente, y que todas sus experiencias pasadas, buenas y malas fueron el resultado justo de su propia evolución, hasta ahora aún sin concluir.

Los buenos pensamientos y las buenas acciones nunca pueden producir malos resultados; menos aún pueden producir buenos resultados los malos pensamientos y las malas acciones.

Esto no es otra cosa que decir que solo el manzano dará manzanas y el naranjo, naranjas.

Los hombres entienden esta ley en el mundo natural, y trabajan con ella; pero pocos la comprenden en el mundo moral y mental (aunque esta operación sea tan simple y directa) y, por lo tanto, no cooperan con ella.

El sufrimiento es siempre el efecto de pensamientos incorrectos en algún sentido. Es una indicación de que el individuo está en discordia consigo mismo, con la ley de la propia naturaleza.

El único y supremo uso del sufrimiento es purificar y quemar todo aquello que es inútil e impuro. El sufrimiento finaliza para quien es puro. No hay sentido en fundir el oro después que la escoria se ha eliminado, y un ser perfectamente puro e iluminado no puede sufrir.

Las circunstancias por las que un hombre se encuentra con el sufrimiento son el resultado de su propia falta de armonía mental.

Las circunstancias en que un hombre se encuentra con la bienaventuranza, son el resultado de tener pensamientos correctos.

La desdicha, no la falta de posesiones materiales, es la medida del pensamiento incorrecto.

Un hombre puede ser rico y ser malvado, y puede ser pobre y bienaventurado. La felicidad y la riqueza solo se juntan cuando la riqueza se utiliza correctamente y con prudencia; y el hombre pobre solo desciende a la miseria cuando ve su destino como una carga injustamente impuesta.

La indigencia y la indulgencia son los dos extremos de la miseria. Ambas son igualmente antinaturales y el resultado de un desorden mental. Un hombre no está correctamente acomodado hasta que es un ser feliz, sano y dichoso. Y la felicidad, la salud y la prosperidad son el resultado de un ajuste armonioso de lo interior con lo exterior, del hombre con su entorno o circunstancias.

Un hombre solo comienza a ser hombre cuando deja de quejarse y de injuriar, y comienza a buscar la justicia oculta que normaliza su vida. Y al adaptar su mente a ese factor regularizador, deja de culpar a otros como la causa de su mala situación, y se construye a sí mismo con pensamientos nobles y fuertes. Deja de dar patadas a las circunstancias y comienza a utilizarlas como ayuda para progresar con mayor rapidez, y como un medio para descubrir los poderes ocultos y todas las posibilidades que hay en su interior.

La ley, y no el desorden, es el principio dominante en el universo. La justicia, y no la injusticia, es el alma y la sustancia de la vida; la honradez, no la corrupción, es la fuerza modeladora y estimuladora que gobierna el mundo espiritual. Siendo esto así, el hombre no tiene más elección que reconocer que el universo funciona correctamente, y durante el proceso de rectificación, encontrará que mientras cambia sus pensamientos en torno a las acciones y a las demás personas, la gente y las condiciones cambiarán a su alrededor.

La prueba de esta verdad está en cada persona, y por tanto se puede verificar fácilmente mediante una investigación y un autoanálisis sistemático. Si un hombre cambia radicalmente sus pensamientos, se sorprenderá de la rápida transformación que conseguirá en las condiciones materiales de su vida.

El hombre se imagina que los pensamientos se pueden mantener en secreto, pero no es posible porque se cristalizan rápidamente en hábitos, y estos se solidifican en hábitos de embriaguez y lujuria, tomando forma de circunstancias de indigencia y afección. Los pensamientos impuros de todo tipo se cristalizan en hábitos desmoralizadores y confusos, que se consolidan en circunstancias adversas y de distracción. Los pensamientos de miedo, duda y de indecisión se materializan en hábitos de debilidad, cobardía y confusión, concretándose en circunstancias de fracaso, miseria y dependencia mezquina.

Los pensamientos indolentes se cristalizan en hábitos de suciedad y deshonestidad, que se consolidan en circunstancias de inmoralidad y de mendicidad. Los pensamientos detestables y de condena se cristalizan en hábitos de acusación y violencia, que se consolidan en circunstancias de agravio y persecución. Los pensamientos codiciosos de todo tipo se cristalizan en hábitos de individualismo, y se solidifican en circunstancias más o menos angustiosas.

Por otra parte, los pensamientos bellos de todo tipo se cristalizan en hábitos de gracia y generosidad, los cuales se consolidan en circunstancias extraordinarias y brillantes.

Los pensamientos bienintencionados se cristalizan en hábitos de moderación y autocontrol, y se consolidan en circunstancias de sosiego y tranquilidad.

Los pensamientos de coraje, autosuficiencia y decisión se cristalizan en hábitos valerosos, que toman la forma de circunstancias de éxito, abundancia y libertad.

Los pensamientos enérgicos forman hábitos de higiene y de habilidad, que se consolidan en circunstancias placenteras. Los pensamientos apacibles y compasivos se cristalizan en hábitos de bondad, los cuales se consolidan en circunstancias de amparo y preservación. Los pensamientos de amor y abnegación se cristalizan en hábitos de olvido de sí mismo a favor de los demás, los cuales se afianzan en circunstancias de prosperidad perdurable y auténticas riquezas.

Una singular sucesión de pensamientos en los que se persista, ya sean estos buenos o malos, no demora en producir resultados en el carácter y las circunstancias. Un hombre no puede escoger directamente sus circunstancias, pero puede elegir sus pensamientos y de esa manera, indirectamente pero con seguridad, dar forma a sus circunstancias.

La naturaleza ayuda a cada ser humano a satisfacer los pensamientos que más le alientan, y las oportunidades que se presentan son aquellas que traen más rápidamente a la superficie tanto los buenos como los malos pensamientos.

Si un hombre se aparta de sus pensamientos inmorales y autodestructivos, el mundo entero se compadecerá de él, y estará dispuesto a ayudarlo.

Déjale que deseche sus pensamientos de flaqueza y padecimiento y las oportunidades le surgirán por todas partes, ayudándole en sus firmes determinaciones.

Déjale que fomente sus buenos pensamientos, y no habrá destino cruel que lo someta a la miseria y a la humillación.

El mundo es tu caleidoscopio, y las distintas combinaciones de colores que se te presentan en cada momento consecutivo, son las imágenes exquisitamente ajustadas de tus pensamientos, que están siempre en movimiento.

Serás lo que quieras ser;
deja que el fracaso encuentre su realidad errónea
en esa pobre palabra: «circunstancias».
El espíritu lo menosprecia, y es libre.

Domina el tiempo, conquista el espacio;
intimida a esa presumida farsante, la suerte,
y ordena a las tiranas circunstancias,
que se pongan a tu servicio.

La voluntad humana, esa fuerza invisible,
que desciende de un alma inmortal,
puede forjarse un camino hacia cualquier objetivo,
aunque paredes de granito se interpongan.

No te impacientes con la demora,
espera como aquel entiende;
cuando el espíritu se rebela y ordena,
los dioses están dispuestos a obedecer.

CAPÍTULO 3

EL EFECTO DEL PENSAMIENTO EN LA SALUD Y EL CUERPO

El cuerpo es el siervo de la mente. Obedece los mandatos de la mente, ya sean elegidos deliberadamente o expresados de forma automática.

Debido al infortunio de los pensamientos negativos, el cuerpo se hunde rápidamente en la enfermedad y la decadencia; gracias a la energía de pensamientos alegres y hermosos, se viste de juventud y belleza.

La enfermedad y la salud, más allá de las circunstancias, tienen sus raíces en el pensamiento.

Los pensamientos enfermizos se expresan a través de un cuerpo enfermo.

Se ha sabido que los pensamientos de miedo matan a un hombre tan rápido como una bala, y continuamente matan a miles de personas, aunque con menor rapidez, pero sí con la misma seguridad.

Las personas que viven con el temor a las enfermedades son las que enferman.

La ansiedad desanima rápidamente el cuerpo, y lo deja expuesto a la entrada de dolencias, mientras que los pensamientos impuros, aunque no sean permitidos físicamente, echarán a perder dentro de poco su sistema nervioso.

Los pensamientos rotundos, puros y de dicha producen en el cuerpo vitalidad y armonía.

El cuerpo es un instrumento delicado y moldeable, que responde rápidamente a los pensamientos que se le inculcan, y los hábitos de pensamiento producirán en él sus propios efectos, sean estos buenos o malos.

El hombre seguirá teniendo sangre impura y envenenada siempre que transmita pensamientos impuros. De un corazón limpio proviene una vida limpia y un cuerpo limpio. De una mente contaminada surge una vida deshonrosa y un cuerpo corrupto. El pensamiento es la fuente de la acción, la vida y la manifestación. Edifica una fuente que sea limpia, y todo será puro.

El cambio de dieta no ayudará a un hombre que no cambia sus pensamientos. Cuando un hombre limpia sus pensamientos, ya no deseará alimento impuro.

Si quieres perfeccionar tu cuerpo, cuida tu mente. Si quieres renovar tu cuerpo, embellece tu mente.

Los pensamientos de malicia, envidia, decepción, desaliento, le roban al cuerpo su salud y su gracia. Una cara desagradable no es por casualidad, se crea por pensamientos amargos. Las arrugas que deforman se producen por la locura, la pasión y el orgullo.

Conozco a una mujer de noventa y seis años que tiene la cara reluciente e inocente como la de una niña. Conozco a un hombre muy por debajo de la mediana edad, en cuyo rostro se observan rasgos inarmónicos. El primer caso es el resultado de una disposición dulce y alegre, y el otro es el resultado de la pasión y el descontento.

Así como no puedes tener un hogar fresco y saludable a menos que dejes entrar el aire y la luz del sol libremente en sus habitaciones, de esta misma manera un cuerpo fuerte o un rostro luminoso, feliz y sereno solo pueden ser el resultado de la entrada libre en la mente de pensamientos de gozo, buena voluntad y serenidad.

En los rostros de los ancianos hay arrugas ocasionadas por la simpatía, otras por pensamientos limpios y fuertes, otras son modeladas por la pasión. ¿Quién no puede distinguirlas? Para aquellos que han vivido rectamente, la edad les causa tranquilidad, ternura y paz, al igual que una puesta de sol. Recientemente he visto a un filósofo en su lecho de muerte. No era viejo, solo en años. Murió tan dulce y tranquilamente como había vivido.

No hay mejor médico para disipar los males del cuerpo que el pensamiento alegre; no hay mejor tranquilizador que la buena voluntad para dispersar las sombras de sufrimiento y tristeza. Vivir continuamente con pensamientos de rencor, cinismo, sospecha y envidia, es estar confinado a una prisión hecha por uno mismo. Sin embargo, pensar bien de todos, estar alegre con todo, aprender pacientemente a encontrar lo bueno en todo..., tales pensamientos desinteresados son las auténticas puertas del cielo; y vivir el día a día pensando con quietud en cada criatura, traerá abundante paz a su poseedor.

CAPÍTULO 4

PENSAMIENTO Y PROPÓSITO

Hasta que el pensamiento no se relaciona con un propósito no hay un resultado inteligente. La mayoría permiten que la barca del pensamiento «flote» a la deriva por el océano de la vida.

La carencia de objetivos es un vicio nocivo, y es algo que deberá cortar radicalmente todo aquel que quiera mantenerse alejado de la desdicha y la destrucción.

Aquellos que no tienen un propósito central en sus vidas caen presa fácil de las preocupaciones, los miedos, los problemas y la autocompasión, que son indicios de debilidad, que conllevan con total segu ridad, como las crueldades planificadas con premeditación (aunque por distinto camino), al fracaso, la infelicidad y la pérdida, puesto que la debilidad no puede perdurar en un universo poderoso y en constante evolución.

Un hombre debe concebir un propósito legítimo en su corazón y estar dispuesto a lograrlo.

Debe hacer de este propósito el tema central de sus pensamientos.

Puede tomar la forma de un ideal espiritual, o puede ser un objeto mundano, según su naturaleza en ese momento; pero cualquiera que sea, debe concentrar incesantemente las fuerzas de sus pensamientos sobre el objeto que se ha propuesto.

Debe hacer de este propósito su deber supremo, y dedicarse por entero a su realización, sin consentir que sus pensamientos se desvíen con fantasías, aspiraciones e ilusiones efímeras.

Este es el camino real hacia el autocontrol y la efectiva concentración del pensamiento.

Incluso cuando fracasa una y otra vez en la ejecución de su propósito (como necesariamente tiene que pasar hasta que supera su debilidad), la fortaleza de carácter que consiga será la escala de su verdadero éxito, y esto formará un nuevo punto de partida hacia el poder y el triunfo en el futuro.

Aquellos que no están preparados para entender el *gran propósito*, deben consolidar sus pensamientos hacia el correcto desempeño de sus obligaciones, sin importar lo insignificantes que estas puedan parecer. Solo de esta manera los pensamientos pueden ser fusionados y enfocados, y el coraje y la energía pueden desarrollarse; y una vez hecho esto, no hay nada que no se pueda llevar a cabo.

El espíritu más débil, conociendo su propia debilidad, y creyendo esta verdad, «que la fuerza solamente se puede desarrollar con el esfuerzo y la práctica», comenzará en seguida a esmerarse y a añadir esfuerzo al esfuerzo, paciencia a la paciencia, y fuerza a la fuerza; nunca dejará de desarrollarse y, a la larga, crecerá divinamente fuerte.

Del mismo modo que el hombre físicamente débil puede hacerse fuerte por medio de un entrenamiento cuidadoso y prudente, de la misma manera el hombre de pensamientos débiles puede fortificarlos ejercitando su mente a través del pensamiento correcto.

Desechar la falta de objetivos y la debilidad, y comenzar a pensar con propósito, es ingresar en las filas de los mejores, los que únicamente reconocen el fracaso como uno de los caminos hacia el logro; los que hacen que todas las circunstancias les sirvan, que piensan con energía, aspiran sin miedo y alcanzan sus propósitos con arte y destreza.

Habiendo concebido su propósito, el hombre debe trazarse mentalmente una senda recta hacia el éxito, sin mirar a la derecha ni a la izquierda. Las dudas y temores deben ser rigurosamente excluidos, ya que son elementos de desintegración que rompen la línea recta del esfuerzo haciéndola ineficaz, torcida e inútil. Los pensamientos de duda y temor jamás obtendrán nada, y nunca podrán hacerlo. Siempre conducen al fracaso. La intención, la energía, el poder de crear, y todos los buenos pensamientos acaban cuando la duda y el miedo se ponen al descubierto.

El deseo de crear se manifiesta a partir del conocimiento de que lo podemos hacer. La duda y el miedo son los grandes enemigos del conocimiento, y aquel que los fomente y no los deseche, se frustrará a cada paso.

Aquel que haya conquistado la duda y el miedo ha vencido al fracaso. Cada uno de sus pensamientos se unirá con el poder, y hará frente a todas las dificultades, superándolas con valentía y sabiduría. Sus propósitos serán establecidos eficazmente, y florecerán y darán sus frutos a su debido tiempo.

El pensamiento que se ha unido sin temor al propósito se convierte en una fuerza creadora. Quien conozca esto estará listo para convertirse en alguien más elevado y más fuerte que un simple puñado de pensamientos indecisos y sensaciones inestables.

La persona que actúe así se convertirá en el poseedor consciente e inteligente de sus poderes mentales.

CAPÍTULO 5

EL FACTOR PENSAMIENTO EN EL TERRENO DEL ÉXITO

Todo lo que una persona logra y todo lo que no pueda alcanzar es el resultado directo de sus propios pensamientos. En un universo debidamente estructurado, donde la pérdida de estabilización significaría la destrucción total, la responsabilidad individual debe ser absoluta. La falta de carácter y de fortaleza de un hombre, la pureza e impureza, son solo suyas y de ninguna persona más. Son causadas por él mismo, no por otro, y solo pueden ser alteradas por él mismo, nunca por otro. Su condición es también suya, y de nadie más. Su sufrimiento y su felicidad crecen en su interior. Como piensa, así es; y como continúa pensando, de igual modo permanecerá siendo.

Un hombre fuerte no puede ayudar a uno más débil a menos que el débil esté dispuesto a ser ayudado, y aun así el hombre débil debe hacerse fuerte por sí mismo; debe, por su propio esfuerzo, desarrollar la fortaleza que contempla en otro. Nadie más que él puede alterar su condición.

Es frecuente que los hombres piensen y digan: «Muchos hombres son esclavos porque existe un opresor; odiemos entonces al opresor». Sin embargo, hay ahora entre algunos una creciente tendencia a revertir este criterio, y decir: «Existe un opresor porque muchos son esclavos; despreciemos entonces a los esclavos.» La verdad es que, el opresor y el esclavo son cooperadores al unísono (y sin discrepar) de su ignorancia, y mientras parece que se afligen el uno al otro, en realidad se perjudican a ellos mismos. Un perfecto conocimiento percibe la acción de la ley en la debilidad del oprimido y en el poder mal aplicado del opresor. Un Amor perfecto, al ver el sufrimiento que ambos estados conllevan, no condena a ninguno. Una perfecta Piedad abarca a ambos, tanto al opresor como al oprimido.

La persona que ha conquistado a la debilidad y que ha desechado todos los pensamientos egoístas, no pertenece ni al grupo de los opresores ni al de los oprimidos. Es libre.

Un hombre solo puede ascender, conquistar y alcanzar la gloria, fortaleciendo sus pensamientos. Solo puede permanecer débil, mezquino y miserable si rehúsa elevar sus pensamientos.

Antes de que un hombre pueda lograr cualquier objetivo, incluso los objetivos terrenales, debe elevar sus
pensamientos por encima de la esclavitud animal y la
indulgencia. Para tener éxito, no debe abandonar de
ningún modo toda su irracionalidad y su egoísmo, pero
una parte, por lo menos, la debe sacrificar. Un hombre
cuyo primer pensamiento es de indulgencia bestial
no podría pensar con claridad ni planear metódica-
mente. No podría encontrar ni desarrollar sus recursos
latentes, y fracasaría en cualquier misión. Al no haber
empezado a controlar valientemente sus pensamientos, no estará en condiciones de controlar sus asuntos
y tampoco adoptará responsabilidades serias. De igual
modo, no estará apto para actuar de forma indepen-
diente y autónoma, sino que solo estará limitado por
los pensamientos que elige.

No puede haber progresión ni logro sin sacrificio. El
éxito en el mundo terrenal de un hombre sucederá
en la medida que sacrifique sus pensamientos oscu-
ros e inconscientes y fije su mente en el desarrollo de
sus planes, en el fortalecimiento de su resolución y
la confianza en sí mismo. Cuanto más alto eleve sus
pensamientos, y más fuerte, recto y justo sea, mayor
será su éxito, y más satisfactorios y duraderos serán
sus logros.

El universo no favorece al avaricioso, al
deshonesto, ni al cruel, aunque sin fijarse
mucho (a primera vista), a veces pueda

parecer que lo hace; el universo ayuda a los honestos, a los nobles, a los virtuosos.

Todos los grandes maestros a través de los siglos han declarado esto de diferentes maneras, y para probarlo y comprenderlo el hombre no tiene más que mantenerse firme, haciéndose más y más virtuoso y elevando sus pensamientos.

Los logros intelectuales son el resultado del pensamiento consagrado a la búsqueda del conocimiento, o de la Belleza y la Verdad en la vida y en la naturaleza. Semejantes logros pueden estar a veces vinculados con la vanidad y la ambición, pero no son consecuencia de esas características. Son el fruto natural de un largo y arduo esfuerzo, y de pensamientos puros y desprendidos.

Los logros espirituales son la consumación de aspiraciones sagradas.

Quien vive constantemente en la concepción de pensamientos nobles y sublimes, que habita con todo lo que es puro y desinteresado, se convertirá, tan seguro como que el sol alcanza su culminación y la luna su plenitud, en un ser sabio y noble de carácter, y ascenderá a una posición de influencia y bendición.

El éxito, de cualquier clase que sea, es la cúspide del esfuerzo, la diadema del pensamiento. Con la ayuda del autodominio, la resolución, la pureza, la honradez y el pensamiento bien dirigido, el hombre asciende. Con la ayuda de la animalidad, la indolencia, la impureza, la corrupción y la confusión del pensamiento, el hombre desciende.

Un hombre puede alcanzar grandes éxitos en el mundo, e incluso ascender a grandiosas altitudes en el marco espiritual, y de nuevo descender a la debilidad y a la adversidad al permitir que pensamientos soberbios, egoístas y corruptos tomen posesión de él.

Las victorias logradas a través del pensamiento correcto solo se pueden mantener con dedicación.

La mayoría de las personas se rinden cuando el éxito está asegurado, y rápidamente vuelven a caer en el fracaso.

Todos los logros, ya sean en los negocios, intelectuales, o en el ámbito espiritual, son el resultado de pensamientos dirigidos con determinación, que se rigen por la misma ley y dependen del mismo método; la única diferencia se encuentra en el propósito a alcanzar.

El que quiera lograr poco tiene que sacrificar poco; quien desee conseguir mucho tiene que sacrificar mucho.

Aquel que quiera alcanzar un gran poder debe sacrificarse enormemente.

CAPÍTULO 6

VISIONES E IDEAS

Los soñadores son los salvadores
del mundo. De la misma manera que el mundo visible está sostenido por lo invisible, de igual forma los hombres, a través de todos sus males, pecados y vocaciones sórdidas, se nutren de las visiones bellas de los soñadores solitarios. La humanidad no puede olvidar a sus soñadores. No puede dejar que sus ideales se desvanezcan poco a poco y mueran; vive en ellos y los conoce de acuerdo con las realidades que un día serán vistas y conocidas.

Los maestros, escultores, pintores, poetas, etc., son los creadores del mundo, los arquitectos del cielo. El mundo es bello porque ellos lo han vivido; sin ellos, la población obrera perecería.

El que abriga la esperanza de una visión hermosa, de un ideal noble en su corazón, algún día lo verá materializado.

Colón apreció la visión de otro mundo, y lo descubrió. Copérnico desarrolló la visión de una multiplicidad de mundos y un universo más amplio, y lo reveló. Buda percibió la visión de un mundo espiritual de inmaculada belleza y paz perfecta, y entró en él.

Ten en cuenta tus visiones. Aprecia tus ideales. Valora la música que estremece tu corazón, la belleza que se forma en tu mente, la hermosura que cubre tus más puros pensamientos, porque de ellos crecerán las magníficas condiciones, el ambiente paradisíaco; de los cuales, si te mantienes fiel a ellos, se edificará finalmente tu mundo.

Desear es alcanzar y aspirar es lograr.

¿Deberían los deseos más bajos del hombre recibir la máxima cantidad de gratificación, y sus aspiraciones más puras morir por falta de sustento? Esa no es la ley; tales circunstancias nunca podrán suceder. «Pedid y recibiréis».

Sueña con nobles ideales, y, en lo que sueñes, te convertirás.

Tu visión es la promesa de lo que un día serás y tu objetivo es la profecía de lo que al final llegarás a revelar.

El logro más importante fue, al principio y durante un tiempo, un sueño.

El roble duerme en la bellota, el ave espera en el huevo y en la visión más elevada del alma un ángel de la guarda se enternece.

Los sueños son las semillas de la realidad.

Tus circunstancias pueden ser abrumadoras, pero no permanecerán así por mucho tiempo si concibes un ideal y te esfuerzas por alcanzarlo.

No puedes moverte en tu interior, y mantenerte inmóvil en el exterior. Te presento el ejemplo de un joven agobiado por la pobreza y el trabajo; confinado durante largas horas en un taller demencial; sin educación y carente de toda técnica, pero que sueña con cosas mejores.

Piensa acerca de la inteligencia, la sabiduría, la gracia y la belleza. Concibe y construye mentalmente una condición ideal para su vida. La visión de una mayor libertad y un mayor campo de aplicación toman posesión de él; la intranquilidad lo empuja a la acción, y utiliza todo su tiempo libre y todos sus medios, aunque sean pequeños, al desarrollo de sus poderes y de sus recursos ocultos.

Dentro de muy poco, su mente llegará a estar tan alterada que la fábrica no lo podrá retener por más tiempo. Se volverá tan necesitado de armonía a causa de sus pensamientos, que se desprenderá de su vida pasada como un vestido inservible que se desecha, y con el aumento de oportunidades que se ajustan con el alcance de su creciente poder, saldrá de ello para siempre.

Años más tarde, vemos a este joven como un hombre adulto. Lo encontramos como el dueño de ciertas fuerzas de la mente que ejerce con influencia en todo el mundo y un poder casi incomparable. En sus manos sostiene los filamentos de grandes responsabilidades. Habla y numerosas vidas son cambiadas. Los hombres y las mujeres son conscientes de sus palabras y cambian su manera de ser, y, al igual que la luz solar, él se convierte en el centro fijo y luminoso en torno al cual dan vueltas innumerables destinos. Ha realizado la Visión de su juventud. Se ha convertido en uno con su ideal.

Y tú, lector, también entenderás la visión (no el deseo inútil) de tu corazón, ya sea este bajo o hermoso, o una mezcla de ambos, puesto que siempre serás atraído por aquello que tú secretamente amas. En tus manos te será colocado el resultado exacto de tus pensamientos; recibirás lo que te ganes, ni más, ni menos. Cualquiera que sea tu entorno actual, caerás, permanecerás, o crecerás con tus pensamientos, tu Visión, tu Ideal. Llegarás a ser tan pequeño como tus deseos contenidos, o tan grande como tus aspiraciones dominantes.

En las hermosas palabras de Kirkham Stanton Dave:

> *«Puedes llevar la contabilidad, y luego salir por la puerta que durante tanto tiempo te ha parecido el obstáculo de tus ideales, y encontrarte en presencia de una audiencia —el lápiz aún detrás de la oreja, las manchas de tinta en los dedos— y entonces, allí mismo verter el torrente de tu inspiración. Puedes ser un guía de ovejas, e irás ambulante pastoreando por la ciudad, bucólico y con la boca abierta; deambularás bajo la dirección intrépida del espíritu hacia la formación del maestro, y después de un tiempo te dirá: «no tengo nada más que enseñarte». Y ahora te has convertido en el maestro, quien no hace mucho tiempo soñaba con grandes cosas mientras dirigía a las ovejas. Dejará la sierra y el nivel para tomar sobre sí mismo la regeneración del mundo».*

El hombre inconsciente, el ignorante y el indolente, ven solo el efecto aparente de las cosas y no las cosas en sí, hablan de suerte, de fortuna y de oportunidad. Al ver que un hombre se enriquece dirán, «¡Qué suerte tiene!». Al observar a otro convertido en un intelectual, exclamarán: «¡Qué porte tiene!». Y al notar el carácter santo y la extensa influencia de otro, el comentario será: «¡Cómo le ayuda la diosa fortuna en cada momento!».

Ellos no ven los intentos, los fallos y los conflictos que estos hombres han afrontado voluntariamente para ganar experiencia. No tienen conocimiento de los sacrificios que han hecho, de los esfuerzos intrépidos que se han propuesto, de la fe que han profesado, para sobreponerse a lo aparentemente inalcanzable, y poder llevar a cabo la visión de su corazón. Ellos no saben de la oscuridad y las angustias, solo ven la luz y la alegría y lo llaman «suerte», no ven el largo y arduo trayecto, sino que solo contemplan el logro placentero, y lo llaman «buena fortuna»; no entienden el proceso, solo perciben el resultado, y lo llaman «azar» o «suerte».

En todos los asuntos humanos hay esfuerzos y hay resultados, y la entereza del esfuerzo es la medida del resultado.

No es casualidad. Los regalos, el poder, y las posesiones materiales, intelectuales y espirituales son el fruto del esfuerzo.

Son pensamientos completos, objetivos logrados, visiones realizadas.

La visión que glorifiques en tu mente, el ideal que instaures en tu corazón, son los cimientos con los que construirás tu vida; en ellos te convertirás.

CAPÍTULO 7

LA SERENIDAD

La paz mental es una de las preciosas joyas de la sabiduría. Es el resultado de un largo y paciente esfuerzo de autodominio. Su presencia es una muestra de una experiencia madura, y de un conocimiento más que arraigado de las leyes y actuaciones del pensamiento.

Un hombre alcanza la tranquilidad en la medida que se percibe a sí mismo como un ser que ha evolucionado por el pensamiento, puesto que para tal conocimiento necesita del entendimiento de los demás como resultado del pensamiento y mientras desarrolla una correcta comprensión, ve cada vez más claro las relaciones internas de las cosas por la acción de causa y efecto, deja de afligirse y enojarse, de angustiarse y padecer, y permanece en equilibrio, constante y sereno.

El hombre calmado, habiendo aprendido cómo gobernarse a sí mismo, sabe cómo adaptarse a los demás, y ellos a su vez veneran su fortaleza espiritual, y sienten que pueden aprender y confiar en él.

Cuanto más tranquilo llegue a ser un hombre, mayor es su éxito, su influencia y su poder para hacer el bien.

Incluso el comerciante habitual descubrirá que el éxito de sus negocios va en aumento mientras desarrolla un mayor control de sí mismo y una ecuanimidad inmejorable, pues la gente siempre preferirá tratar con un hombre cuya conducta sea firme y constante.

El hombre tranquilo y fuerte es siempre amado y reverenciado. Es como un árbol que da sombra en una tierra sedienta, o una roca en la que refugiarse de una tormenta. ¿Quién no ama un corazón tranquilo, una vida dulce, agradable y equilibrada?

No importa si llueve o hace sol, o qué cambios les vienen a aquellos que poseen estas bendiciones, dado que son siempre dulces, serenos y tranquilos. Ese exquisito equilibrio de carácter que llamamos serenidad es la última lección de cultura, es el florecimiento de la vida, el fruto del alma. Es precioso como la sabiduría, más codiciado que el oro —sí, aún más que el oro fino—. Qué insignificante y simple se ve la búsqueda de dinero en comparación con una vida serena, una vida que mora en el océano de la Verdad, bajo las olas, más allá del alcance de las tempestades, ¡en Eterna Calma!

¡Cuántas personas conocemos que estropean sus vidas, arruinan todo lo que es dulce y bello debido a un temperamento explosivo, que destruyen el equilibrio de su carácter, y hacen mala sangre! Es cuestión de si la gran mayoría de la gente arruina o no sus vidas y malogra su felicidad por la falta de autocontrol. ¡Qué pocas personas sensatas conocemos en la vida, que tienen ese exquisito equilibrio que es característico de un carácter completo!

Sí, la humanidad se agita con una pasión incontrolada, se perturba con una angustia ingobernable, se desvanece por la ansiedad y la duda. Solo el hombre sabio, solo aquel cuyos pensamientos están controlados y purificados, hace que los vientos y las tormentas del alma le obedezcan.

Almas revueltas por la tormenta, dondequiera que estéis, sean cuales sean las condiciones que estéis destinadas a vivir, tenéis que saber esto: en el océano de la vida las islas de la felicidad sonríen, y la orilla soleada de tu ideal aguarda tu llegada.

Mantén tus manos firmes sobre el timón de tus pensamientos. En la barca de tu alma está reclinado el Maestro al mando; solamente está dormido, despiértalo.

El Autocontrol es la fortaleza; el Pensamiento Correcto es el arte, la destreza; la Calma es el poder.

Dile a tu corazón:

¡Paz, quédate conmigo por siempre jamás!

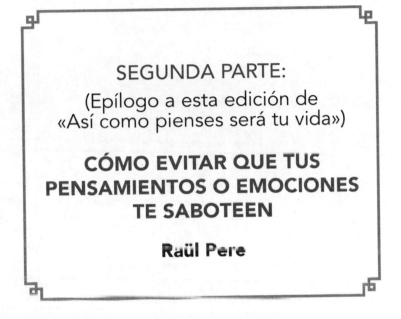

SEGUNDA PARTE:

(Epílogo a esta edición de
«Así como pienses será tu vida»)

CÓMO EVITAR QUE TUS PENSAMIENTOS O EMOCIONES TE SABOTEEN

Raül Pere

«*Toda persona tiene la capacidad de cambiar su vida cambiando sus pensamientos y emociones. Lo que pensamos y sentimos emite una huella energética al universo, y este nos devuelve un resultado acorde a lo que hemos emitido. Si somos capaces de cambiar nuestra frecuencia, transformaremos nuestra realidad.*»

VIVIR EN EL PASADO, VIVIR EL FUTURO...

*«Solo los fantasmas se revuelcan en el pasado,
explicándose a sí mismos con descripciones
basadas en sus vidas ya pasadas. Tú eres lo que
eliges ser hoy en día, no lo que antes elegiste ser.»*

Wayne Wyer

Todo es energía. Los pensamientos también. Hoy en día, gracias a los avances en física cuántica y en las neurociencias, sabemos que nuestros pensamientos afectan a nuestra vida; que nuestra visión del mundo, tarde o temprano, acaba convirtiéndose en nuestra realidad.

Esto mismo ya lo anticipó James Allen hace más de cien años. Por aquel entonces no se conocían los detalles científicos que en este siglo ya están a la orden del día. Sin embargo, Allen demostró ser un avanzado en este asunto y se dedicó, en cuerpo y alma, a transmitir a todo aquel que quisiese escuchar estas enseñanzas.

En la obra que tienes en tus manos, James Allen nos presenta, con absoluta maestría los principios universales que rigen nuestras vidas. Él descubrió a base de prueba-error (de hecho experimentó la pobreza en sus propias carnes), como nuestros pensamientos afectan al tipo de vida que llevamos. Sabía perfectamente que nuestras creencias, aquello que creemos en lo más hondo de nuestro corazón, es lo que se transforma en nuestra realidad, la visión que nosotros tenemos de la realidad. Y que haciendo esto, *voilà*, todo cambia y se adecua a nuestras nuevas creencias.

«No podemos modificar las cosas externas, ni a otras personas a nuestro gusto, ni moldear el mundo a nuestros deseos, pero sí que podemos alterar aspectos internos, nuestros deseos, pasiones, pensamientos; podemos moldear el mundo interior de nuestra propia mente según la sabiduría infinita y así conciliar nuestro mundo interior con el mundo exterior de hombres y cosas.»

Allen sabía que nuestra mente subconsciente era la que determinaba el tipo de vida que llevar. Por esa razón, empleó todo su esfuerzo en averiguar los tres cómos: *cómo resetear*, *cómo modificar* y *cómo crear nuevos patrones de conducta* dentro de esa mente subconsciente. Hoy sabemos que, efectivamente, el 95% de lo que hacemos a lo largo del día, responde a aquello que está instalado dentro de esa mente subconsciente y que, por lo tanto, es primordial descubrir la esencia de estos tres cómos. En el presente libro ya habrás encontrado algunas de las claves que nos ayudarán a ello.

«El hombre será castigado por las circunstancias, siempre y cuando siga creyendo ser una persona creada por las condiciones externas; pero cuando se da cuenta de que puede ordenar a la tierra y las semillas de su ser, de las cuales provienen los acontecimientos o circunstancias, es entonces cuando se convierte en el amo y señor de sí mismo, en el capitán de su propio destino.»

Sin embargo, Allen tenía claro que el ser humano tendía a negarse a sí mismo. Sabía que, por razones culturales y religiosas, en ningún caso pensaba que pudiese ser «el capitán de su propio destino». Eso era un apartado que pertenecía a Dios. Cuando, realmente, era una mala interpretación de las distintas religiones, lo que daba como resultado esta falsa creencia.

«El hombre es el dueño de sus pensamientos, el moldeador de su carácter, el creador y organizador de sus aptitudes, al igual que de su entorno y destino.»

El ser humano que vive su presente anclado en el pasado, tiende a vivir en el pasado. Nos pasamos la vida recordando las cosas que ya han sucedido. La mayoría de las veces, incluso, nos regodeamos en recuerdos dolorosos, en situaciones que merman la confianza en nosotros mismos y sabotean nuestras ilusiones del presente y los sueños del futuro.

Pero, ¿quiénes somos realmente? O ¿quiénes creemos ser? Es bastante evidente que las personas creemos que somos nuestro pasado, la suma de todas nuestras experiencias vividas (experiencia A+B+C...); cuando realmente eso es LO QUE HEMOS SIDO, y no tiene por qué ser lo que somos ahora, en la actualidad, ni tiene por qué ser lo que seamos mañana, en el futuro. Sin embargo, parece casi inevitable que cuando nos enfrentamos a cualquier situación nueva, nuestro cerebro busque en el pasado un equivalente que le haga prever cómo resultará esta nueva situación. Así, de este modo, si yo trato de convencerte de que en tu nuevo trabajo vas a ser la persona más feliz del mundo, que tu jefe te va a valorar en tu justa medida, que el sueldo será incluso superior a tu rendimiento, puede que por un momento te motives y me creas, puede incluso que te entusiasmes con la idea de comenzar una nueva vida, aunque sea en el plano laboral, y que decidas que vas a intentar durante unos días, semanas o meses, disfrutar del momento. Pero lo cierto es que no tardarás mucho en ir a buscar información a tu pasado para dilucidar si lo que yo te digo tiene algún tipo de lógica o no. Y lo que encontrarás será que siempre has sido desdichado en tu trabajo, que tu jefe te explotaba y pensaba que eras un número más, y que tu sueldo en el mejor de los casos ha sido menos que insuficiente. Por lo tanto, pronto volverás a ser la misma persona que eras. Que eras en tu pasado. Y vivirás en tu nuevo presente con la actitud, de pensamiento y emociones, que tenías en tu pasado, cuando las cosas no funcionaban como a ti te gustaba. Volverás a ser la persona que espera que todo le vaya mal y que la vida sea injusta con él. ¿Y sabes qué? Tendrás razón, todo te saldrá mal y la vida será injusta contigo, porque, como decía Henry Ford «tanto si piensas de una manera, como si piensas de otra, siempre tendrás razón». Porque la vida es un espejo, te da exactamente lo que tú esperas que te dé.

¿CÓMO EVITAR VIVIR ANCLADO EN EL PASADO?

Las neurociencias nos dan la clave para hacerlo. James Allen lo intuyó y la ciencia le ha dado la razón tiempo después. En las últimas décadas, los avances en el entendimiento del cerebro humano nos han abierto las puertas a la creación de nuevas rutinas eficaces, que creen redes sinápticas robustas que, de una manera bastante literal, transformen nuestro cerebro y, por lo tanto, nos conviertan en una persona completamente diferente de la que hemos sido[1]. Cambiando nuestro alambrado sináptico, ese en que están reflejados todos nuestros hábitos, cambiaremos nuestras acciones. Y al cambiar nuestras acciones, cambiaremos nuestra realidad.

Pero, esto que parece muy sencillo dicho así, necesita de cierta práctica y una consciencia clara de lo que estamos haciendo.

---

[1] Para más información sobre el tema recomiendo leer el libro «Deja de ser tú» del Dr. Joe Dispenza. Urano, 2012.

¿Por qué?

Porque no es tan fácil desvincular a nuestra mente y a nuestro cuerpo del pasado. Hay que tener en cuenta que durante años y años hemos tenido una forma de actuar, y que cada vez que repetíamos esa forma de actuar, nuestras redes neuronales se hacían más y más consistentes. De ahí que a muchas personas le dé la sensación de que cambiar es muy complicado. Y en realidad no lo es. Pero sí que es cierto que uno debe saber cómo hacerlo.

Lo primero que tenemos que saber, y tener muy claro, es que debemos cambiar dos cosas: nuestros pensamientos y nuestras emociones. Cambiando estos dos pequeños aspectos, cambiaremos nuestras acciones, y, como hemos comentado antes, al cambiar nuestras acciones cambiaremos nuestra realidad.

El pensamiento es el lenguaje de la mente. **Las emociones son el lenguaje del cuerpo**. Hay quien cree, erróneamente, que primero hay que cambiar nuestra forma de pensar, que eso hará que cambien nuestras emociones y que, por ende, cambien nuestras acciones. Craso error. No. Debemos trabajar el cambio de pensamiento y el cambio de emociones en paralelo. A la vez. Si no lo hacemos, descuidaremos el hecho de hacer que el cambio emocional sea profundo y, por lo tanto, nuestras emociones no tardarán en sabotearnos, recordándonos que nosotros somos nuestro pasado (experiencia A+B+C...) y que a tenor de lo que ya hemos vivido, el cambio es contraproducente. ¿Y qué haremos entonces? Volver a sentir como sentíamos en el pasado, volver a ser la persona que éramos en el pasado, volver a crear la misma realidad que vivimos en el pasado.

Por ello es importante que el cambio lo afrontemos a la vez. **Pensamientos y emociones se deben dar la mano, e ir siempre unidas**.

VARÍA TU FORMA
DE PENSAR DE DOS
MANERAS:

1) A BASE DE REPETICIÓN

James Allen lo tenía claro: repitiéndonos **afirmaciones o mantras** que poco a poco penetren en nuestra red neuronal y acaben convirtiéndose en un hecho.

2) CON UNA FUERTE CARGA EMOCIONAL

Es la forma más rápida y duradera. Si aplicamos una emoción a una idea o pensamiento, este quedará grabado en nuestra red neuronal con mucha más facilidad, y la recordaremos durante mucho más tiempo.

Las emociones se cambian de la misma manera: Repitiendo constantemente la emoción que queremos sentir (alegría, entusiasmo, gozo, tranquilidad, fe, etc.) con respecto a una idea.

Haciendo que la carga emocional haga estremecer nuestro cuerpo; que hasta la última célula de nuestro ser sienta lo que queremos sentir al conseguir lo que deseamos.

Pero a las emociones son a las que debemos prestar más atención, pues nuestro cuerpo es reacio al cambio y tratará por todos los medios que sigamos anclados a la vida que ya conocemos, la pasada.

El 95% de las veces que fracasamos en un proceso de cambio es debido a nuestro cuerpo, a nuestras emociones. Al sabotaje que ejerce nuestro cuerpo con el fin de que *nos quedemos con lo malo conocido* en lugar de vivir la aventura de lo nuevo.

Por eso te voy a dejar una serie pautas que quizá te sean útiles a la hora de dominar tu cuerpo y tener el control total dentro de un proceso de cambio.

CÓMO CAMBIAR UNA EMOCIÓN EN UNOS INSTANTES:

1) SER CONSCIENTES

Si eres consciente de algo, puedes atajarlo. Si no te das cuenta de cuando tu cuerpo vuelve a sentir como lo que hacía en el pasado, no tienes nada que hacer, estarás perdido y no te darás cuenta hasta que te veas viviendo el mismo hoy de siempre, repitiendo las mismas realidades una y otra vez.

Tienes que ser consciente siempre, en el mismo instante en el que vuelvas a sentir la emoción que quieres desmemoriar. Este es el primer paso. Una vez que eres consciente puedes atajar la situación y empezar a ejercer el dominio de tu cuerpo.

2) RESPIRACIÓN CONSCIENTE

Una vez que eres consciente, respira profundamente. Esta simple acción te devolverá el control. Ese viejo dicho que dice «*respira profundamente y cuenta hasta 10*» es mucho más real de lo que parece. Cuando sientas que tu cuerpo va en contra de lo que tú quieres, respira profundamente. Concéntrate por unos instantes, únicamente, en tu respiración. Toma el control.

3) RUPTURA DE PATRÓN

Ahora ya tienes el control de la situación. Pues justo después, rompe el patrón. Cambia de tercio, piensa, siente y haz algo completamente contrario al pensamiento, al sentimiento y a la acción negativa y anclada al pasado que acabas de interrumpir.

4) CAMBIO DE LA FISIOLOGÍA

Cambia también tu fisiología. Este pequeño detalle hará y ayudará a que cambies tus emociones. Cuando estamos deprimidos, por ejemplo, tendemos a andar cabizbajos; pues en ese momento, alza la cabeza, ponte en posición de poder, de autoestima elevada. Ya verás de qué manera solo con este cambio las emociones negativas desaparecen.

5) HACERTE LAS PREGUNTAS ADECUADAS

En muchas ocasiones una simple pregunta te ayudará a cambiar radicalmente. Yo suelo decirme: «¿de verdad quieres volver a pasar por esto?» O ¿sabes que si sigues pensando y sintiendo así acabarás por atraer una realidad que te hará mucho daño? Automáticamente cambio de actitud, pues no me apetece ni mucho menos acercarme al dolor o al sufrimiento.

6) DAR ALTERNATIVAS POSITIVAS A LAS RESPUESTAS NEGATIVAS

Imagina por un momento que pudieses dar una respuesta positiva a una acción, gesto, palabra o cualquier otro disparador que normalmente te provoque una reacción que quieres eliminar. Por ejemplo, cada vez que tu mujer o tu marido te cuente que se ha ido con un compañero/a de trabajo a almorzar, en lugar de reaccionar con celos que acaben en gritos, peleas y muchos disgustos, tú tuvieses la capacidad de elegir qué sentir. Imagina que eligieses sentir confianza en tu pareja, amor incondicional y unas ganas enormes de abrazarla. ¿Cómo crees que cambiaría la película? Sustancialmente, ¿verdad? Claro que sí. Por eso es necesario que seas capaz de buscar respuestas positivas con antelación y saber aplicarlas en el momento justo, al activarse el disparador que antes te provocaba la reacción negativa que quieres abandonar.

7) APLICAR APALANCAMIENTO: HUIDA DEL DOLOR, ACERCAMIENTO AL PLACER

«Dadme una palanca lo bastante larga y un punto de apoyo lo bastante fuerte, y moveré el mundo con una sola mano.»

Arquímedes

Hace ya algunos años descubrí, de Anthony Robbins, una técnica que sin duda se convirtió, desde mis primeras prácticas y ensayos, en la herramienta más poderosa para el cambio instantáneo, eficaz y duradero que yo jamás haya experimentado. Se trataba de la técnica del **apalancamiento**. Un sistema rápido y sencillísimo para realizar cambios radicales en unos pocos minutos.

Además de demostrarse como un método funcional, cómodo y sencillo, lo que me fascinó fue su capacidad de adaptación a la solución de problemas de diversa índole. Lo utilizaba para cambiar mi estado de ánimo en cuestión de segundos, para aumentar mi motivación, mi alegría y entusiasmo, así como para ver cómo grandes problemas que habían inundado mi vida durante años se solucionaban en unos pocos minutos, con una serie de prácticas diarias: ...*cambios de creencias limitantes, patrones de conducta, adicciones*. Cosas que llevaban conmigo tantos años que ya eran parte de mí, o al menos eso era lo que yo creía.

Porque piensa, ¿qué nos impide cambiar hábitos negativos, de los cuales somos conscientes, y sabemos que nos perjudican seriamente, como el tabaco, el alcohol u otras adicciones físicas o emocionales, creencias que nos limitan o patrones negativos como los celos o la ira?

Son varios los motivos que nos bloquean o bien convierten nuestros esfuerzos en una lucha bastante inútil. A saber:

1) No tener claro **qué queremos** o **debemos cambiar**.

2) Querer cambiarlo a base de «**fuerza de voluntad**».

3) Pensar que **cambiar es algo complicado**, **difícil** y que nos costará muchísimo.

4) **No sentirnos capaces** o pensar que no merecemos algo mejor.

5) Pensar que **nuestro pasado es nuestro futuro**.

6) No saber **cómo se producen los cambios**.

7) **No** tener o **conocer las herramientas** que nos ayuden a hacer que el cambio sea fácil y efectivo.

Este último punto es el más importante, y el que yo descubrí con Anthony Robbins, la mejor herramienta para que un cambio no sea flor de un día y perdure en el tiempo tanto como nosotros deseemos: **El Apalancamiento**.

Pero, ¿en qué consiste esta técnica?

Pues más fácil no podría ser. Consiste en **aplicar tanto DOLOR como seamos capaces de aplicar al hecho de NO CAMBIAR**, hasta tal punto que en un momento dado nos rebelemos y nos neguemos a vivir esa situación tan dolorosa, al tiempo que empecemos a **aplicar tanto PLACER como seamos capaces de aplicar, al hecho de SÍ CAMBIAR ahora mismo**.

El ser humano tiende a alejarse del dolor y acercarse al placer. Cuando una situación nos incomoda y nos hace sentir mal, HUIMOS, nos alejamos lo máximo posible de ella. No queremos sentirnos mal. Por eso debemos utilizar este hecho CONSCIENTEMENTE para alejarnos de las cosas que nos impiden ser la persona que realmente queremos ser, para alejarnos de las creencias que nos limitan como ser humano, como marido o esposa, como padre o madre, como hijo o hija, como empresario o empresaria, como trabajador o trabajadora, etc.

¿Quieres dejar de fumar? Pues piensa en el dolor tan inmenso que puede producirte verte incapacitado a causa del tabaco; piensa en el dolor tan inmenso que puedes producirle a tu familia por ver que te estás muriendo por culpa del vicio más absurdo que existe; piensa como tus sueños de vida desaparecen, ya que estás incapacitado como persona para conseguirlos; piensa que el tabaco te limita, hace que seas una sombra oscura y deformada de la gran persona que podrías haber sido.

El dolor tiene que ser tan inmenso que te empuje a cambiar radicalmente AHORA MISMO. No mañana, no pasado, no el 1 de enero. ¡HOY es el 1 de enero!

La otra parte de la ecuación es el placer. El ser humano se aleja tanto del sufrimiento como se acerca al placer. Todos y cada uno de nosotros quiere sentir felicidad, sentirse bien, alegre y con esa sublime sensación de que las cosas se alineen con lo que realmente queremos y deseamos desde lo más hondo de nuestro corazón. Por esa razón, una vez que hemos sentido en nuestras carnes ese dolor tan intenso que nos ha empujado a decidir CAMBIAR HOY, debemos darle a nuestra mente subconsciente un nuevo rumbo, una nueva dirección a seguir, orientar nuestro nuevo destino. Para ello lo que haremos es sentir en todo nuestro cuerpo el placer que nos produciría conseguir aquello que anhelamos, aquello que nos haría ser las personas más felices de este planeta en este preciso instante. **Debemos vernos consiguiendo los objetivos y metas asociándolos a una alegría inmensa, la mayor alegría, felicidad y entusiasmo que hayamos podido sentir en nuestra vida**.

¿Quieres sentirte sano y libre de todo tipo de adicciones? Pues piensa en el placer tan inmenso que te produciría verte en el espejo y ser la persona que siempre quisiste ser, tanto física como mentalmente; piensa en el placer tan extraordinario que te produciría tener tanta, tanta, tanta energía que todos tus proyectos de vida se convirtiesen en realidad con tan solo desearlo, con tan solo quererlos; piensa en la felicidad de tu orgullosa familia al verte ser un ejemplo para miles o millones de personas en este planeta; piensa en el placer tan inmenso que te produciría verte llegar a viejo con una salud extraordinaria que te permitiese disfrutar al máximo de esta vida.

El placer, la felicidad tiene que ser tan inmenso que te empuje a cambiar radicalmente AHORA MISMO. No mañana, no pasado, no el 1 de enero. ¡HOY es el 1 de enero!

¡Todo esto aplicado con hipnosis o autohipnosis es la bomba! Yo he conseguido, literalmente, milagros en minutos...

La dinámica sería la siguiente:

Respira lenta y profundamente. Cierra tus ojos y concéntrate en tu respiración. Relaja todo tu cuerpo.

En tu pantalla mental trae a tu recuerdo una de las situaciones más dolorosas que hayas sentido jamás y procura sentir ese dolor, intensifícalo.

Cuando tengas el dolor en el clímax, quiero que, como si fuese una película, veas como la imagen del hábito perjudicial que quieras abandonar (tabaquismo, alcoholismo, ira, depresión, timidez, baja autoestima, etc.) va apareciendo fundiéndose con la imagen de tu recuerdo doloroso.

Ahora ya solo queda la imagen (en movimiento o no, como tú prefieras) del hábito nocivo que quieres dejar de tener a partir de HOY. Quiero que intensifiques el dolor que te produce aprovechando el dolor que sentías con el recuerdo anterior.

Cuando el dolor sea insoportable, quiero que marques una X gigante en rojo sobre la imagen, negándote a seguir sintiendo ese dolor nunca más por esa razón. Quiero que decidas que «ya está bien, que es la última vez que accedes a utilizar ese hábito destructivo».

Cuando hayas hecho lo anterior, quiero que veas cómo esa imagen tachada pierde brillo. Quiero que veas cómo esa imagen pierde color. Quiero que veas cómo esa imagen se deforma. Quiero que veas cómo esa imagen se va alejando poco a poco por el fondo superior izquierdo. Quiero que notes de qué manera tu cuerpo y tus sentimientos se relajan, como cuando te liberas de algo malo en tu vida. Quiero que respires profundamente y con tu exhalación ayudes a que esa imagen se aleje más y más de tu campo de visión. Tranquilidad y relax. Te sientes bien, a gusto, con la sensación de haber hecho lo correcto. Te sientes poderoso por haber conseguido tu libertad.

Ahora, a tu pantalla mental, debes traer un recuerdo feliz, muy, muy feliz. Una de las situaciones más dichosas de tu vida. Procura sentir la felicidad, intensifícala.

Cuando el placer esté en el clímax, quiero que, como si fuese una película, veas como la imagen del hábito positivo que quieras adoptar (vida sana, alimentación saludable, productividad, alta autoestima, altruismo, deporte, meditación, relación de amor con el dinero, deseo de éxito, deseo de amor, etc.) va apareciendo fundiéndose con la imagen de tu recuerdo de felicidad.

Ahora ya solo queda la imagen (en movimiento o no, como tú prefieras) del hábito positivo que vas a tener a partir de HOY mismo. Quiero que intensifiques el placer que te produce aprovechando la felicidad que sentías con el recuerdo anterior. Quiero que disfrutes de ese momento, que te recrees en las imágenes positivas que ahora pueblan tu subconsciente. Cuando hayas disfrutado al máximo de esta sensación, abre los ojos y sé la nueva persona que eres AHORA.

En este momento date cuenta de que ya has creado la red neuronal que te permite ser una nueva persona a partir de este preciso instante. Para que este cambio sea permanente, debes reforzarlo a diario durante varias semanas, hasta que dicha red sea tan robusta y esté tan arraigada en ti, que no quepa la menor duda de que tú eres esa persona libre y dichosa.

Ya solo queda que pruebes esta técnica y que empieces a cambiar tu vida a partir de HOY. ¡Disfruta al máximo!

8) ENERGIZAR PSICOTRÓNICAMENTE TU AUTOIMAGEN

Hoy en día, la ciencia ya ha demostrado algo que teorizaron autores como James Allen hace más de un siglo: que nuestros pensamientos afectan a la materia y a nuestra realidad. Teorías como la de *«El Observador»* de la física cuántica nos acercan a interpretaciones en las que el ser humano es capaz de crear su propia realidad a partir de la observación determinada sobre la realidad que se desea.

Somos energía. Todo es energía. Nuestros pensamientos, también. Y al focalizar nuestros pensamientos, es decir, nuestra energía, sobre una determinada experiencia que queremos tener, esa experiencia pasa del campo cuántico de las posibilidades a una situación concreta en el mundo material. O lo que es lo mismo, cuando nos enfocamos en algo, ese algo se produce. Si tú mantienes en el tiempo un pensamiento en el que crees que algo malo te va a pasar, ten por seguro que, tarde o temprano, alguna desgracia te ocurrirá. ¡Y al contrario! Si eres de los que mantiene en el tiempo un pensamiento constante de que una determinada situación positiva va a llegar a tu vida, esta llegará, tarde el tiempo que tarde.

Por ello lo que queremos en este apartado es que concentres tu energía, tu atención, tus pensamientos, en el resultado final que deseas. Deberías ser capaz de mantener en el tiempo una idea constante que refuerce tu AUTOIMAGEN, la autoimagen de aquella persona que tiene los recursos suficientes para triunfar en la empresa que se ocupa, que tendrá éxito sí o sí en aquello que quieres conseguir.

Un ejercicio que siempre resulta es cerrar los ojos, imaginar a esa persona que tiene la autoimagen que tú necesitas para triunfar (puedes imaginarte a ti mismo con esas cualidades), y enviarle toda tu energía positiva. ¿Qué cómo crear tu energía positiva? Muy fácil. Con los ojos cerrados imagina a la persona o personas que más ames en este mundo. Intensifica esa emoción, haz que todo tu cuerpo la sienta. Cuando estés en el clímax, envía esas sensaciones a tu autoimagen. Así le habrás enviado toda tu energía positiva. Te sorprenderá ver cómo se producen cambios rápidos en tu vida con esta técnica.[2]

9) AFIRMACIONES PARA EL CAMBIO DE EMOCIÓN

Las afirmaciones son una de las mejores herramientas que tenemos para cambiar rápidamente nuestro estado de ánimo. Más si cabe si tenemos asociada una determinada afirmación con estados de euforia, alegría o entusiasmo.

Las afirmaciones son frases positivas que repetimos una y otra vez en forma de mantra y que van instalándose en nuestra mente subconsciente hasta el punto que llegan a ser una creencia absoluta. Yo recomiendo encarecidamente su uso. Y a ser posible, al menos una vez al día, delante de un espejo, mirándonos a los ojos y añadiéndole la máxima emoción positiva necesaria.

En momentos de «urgencia», en los que podemos tener un bajón emocional que nos arrastre hasta nues-

---

[2] Para saber más sobre el tema, recomiendo leer «La magia del poder psicotrónico» de Robert Stone. Edaf, 1985.

tro antiguo «yo», es un método que nos traerá de vuelta al presente, a nuestros objetivos y metas actuales. También nos devolverá de forma muy rápida la motivación necesaria para afrontar la lucha contra las emociones pasadas.

10) VIVIR EL ÉXITO

Vivir el éxito significa vivir en el futuro. Si ya hemos comentado que nuestro cuerpo, por norma, tiende a buscar referencias en el pasado, en las experiencias que tuvimos, con el fin de que no se produzcan los cambios y poder mantenerse en ese falso equilibrio que da saberse en un lugar donde conocemos lo malo que nos va a pasar, vivir en el futuro, por contra, le obligaría a sentir las sensaciones de haber conseguido lo que realmente quiere en la vida. Es decir, si cada vez que nos asaltan las dudas y tendemos a buscar referencias negativas en las experiencias pasadas, lo que hacemos es negar esas experiencias y buscar en las experiencias futuras, lo que haremos es dar un vuelco a la situación. Si ahora ver y sentir el presente desde la óptica del pasado nos hace sentir mal y desmotivados, ver el presente desde la óptica de un futuro triunfante será todo lo contrario, nos llenará de energía, ganas, ambición, entusiasmo, alegría, y todos los demás aspectos psicológicos que nos empujarán hacia delante obviando el miedo. Derrumbaremos las barreras del miedo y la incertidumbre apostando por un futuro positivo gracias a nuestra fe en el proceso.

Vivir el éxito es creer. Es creer que se puede, sí o sí, conseguir lo que uno pretende. Es una actitud de vida. Y una herramienta maravillosa para neutralizar el avance de las emociones saboteadoras.

Una vez que hemos conseguido, con alguna de estas sugerencias o con todas ellas, que nuestros pensamientos y emociones estén alineados con aquello que deseamos, es importante mantener esta disposición de forma permanente. Para ello te sugiero esta serie de procedimientos para potenciar y reafirmar cada día esta nueva actitud en ti y que las emociones del pasado no acaben por convertirte de nuevo en la persona derrotista y negativa que eras en el pasado.

CÓMO CONSEGUIR QUE LAS EMOCIONES POSITIVAS SEAN NUESTRA CONSTANTE

(REFORZAR EL ENTUSIASMO):

1) ENERGIZARTE TODOS LOS DÍAS

Las emociones negativas del pasado nos pueden hacer daño siempre y cuando se lo permitamos.

¿Sabías que nuestro cuerpo está constantemente expuesto a todo tipo de virus y bacterias? Y entonces, ¿por qué no estamos enfermos todo el tiempo? Porque nuestro sistema inmunitario se encarga de repeler ese ataque. Si nuestro sistema inmunitario está fuerte (tiene energía), puede repeler cualquier ataque. Sin embargo, si por alguna circunstancia está debilitado, es un coladero para todo tipo de infecciones o enfermedades.

Lo mismo pasa con nuestras emociones. Si estamos fuertes, con energía, es muy complicado que el pasado pueda ganarnos, pero si estamos débiles, con una energía débil, ten por seguro que de una u otra manera acabarás volviendo a ser el que eras en tu pasado, a pensar de la misma manera negativa y a sentir cosas que te harán sentir mal.

Por esta razón, debes concienciarte que para ti aumentar y mantener tu nivel de energía equivaldrá a seguir siendo la persona que quieres realmente ser. Así que grábate a fuego esta recomendación: cuida tu energía.

En los siguientes puntos te daré algunos consejos para que puedas conseguir que ese propósito sea un hecho.

2) NUTRICIÓN ADECUADA + AGUA + OXÍGENO

Este es el punto más importante. Somos lo que comemos, así que si tu alimentación incluye alimentos que vibren, alimentos vivos, alimentos cargados de energía para tu cuerpo, sin duda tú vibrarás, estarás más vivo y recargado de energía. ¿Qué alimentos vibran, están más vivos y te darán los nutrientes y vitaminas necesarios? Los que proceden de la tierra, las frutas y las verduras. Aquí no te sugiero que debas hacerte vegetariano o vegano, pero sí que debes aumentar exponencialmente el consumo de frutas y verduras para que tu energía se dispare y tengas la potencia necesaria para cumplir con todos tus objetivos y metas. También para reforzar tu sistema inmunitario, físico y emocional.

Este tipo de alimento te aportará los nutrientes y vitaminas necesarios para que tu cuerpo rinda al máximo.

Si lo piensas bien, ¿no es un poco antinatural que comamos carne de otro ser vivo? Sin entrar en polémicas, sí que te diré que las proteínas de la carne se asimilan muy mal al ser digeridas, por algo será...

Otro aspecto importantísimo a destacar es que los seres humanos necesitamos dos cosas para subsistir: agua y oxígeno. La mayoría de nuestros procesos internos necesitan de estos dos elementos para funcionar correctamente. Por ello debemos beber agua en abundancia y aprender a respirar bien.

El agua es imprescindible para realizar decenas de funciones corporales, como eliminar toxinas o a mantener el volumen de sangre, lo cual ayudará a elevar nuestra energía. ¡Y si el 75% de nuestro cuerpo está compuesto de agua, más nos vale beber mucha y de calidad!

Por otra parte, nuestro cerebro, nuestro motor corporal, necesita entre un 20 y 30% del oxígeno que respiramos. Solo por esa razón deberíamos preocuparnos por realizar buenas respiraciones y que en nuestro cuerpo entrase el oxígeno más puro y en mayor cantidad posible. El oxígeno, entre también otras muchas funciones, es el causante de la combustión y produce la energía del cuerpo, reduce la fatiga, mejora el rendimiento físico, etc.

Debemos aprender a respirar mejor, más profundamente (con el diafragma), más lentamente y más conscientemente. Y hacerlo en espacios donde la calidad del oxígeno sea mayor. Por ejemplo en la naturaleza, en parques y bosques.

3) DESCANSO ADECUADO

Nuestro cuerpo se regenera durante el sueño, por eso nunca deberíamos recortar ni disminuir nuestras etapas de descanso. Dormir es sagrado. Es necesario para que nuestro cuerpo se recupere de su jornada y recargue energías para afrontar la próxima. Hay estudios que dicen que el descanso mínimo debería ser de seis horas y media. Yo pienso que es muy relativo, que unos necesitarán más y otros menos, dependiendo de su metabolismo y de otros factores. Cada cual debe analizarse y valorar cuántas horas son las idóneas para sentirse pletórico al día siguiente.

4) HACER DEPORTE

El cuerpo necesita ejercicio, moverse, quemar, reponerse, buscar sus límites, evolucionar. Un cuerpo sedentario crea metabolismos y funciones internas sedentarias; y todo lo contrario, cuerpos activos hacen que el flujo de energía en el cuerpo se regule y funcione con normalidad.

Nadie está hablando de ir a un gimnasio, si eso te aburre; en un paseo a paso ligero cada día ya encontrarás enormes beneficios. ¡Ejercita tu cuerpo, está diseñado para eso!

5) MANTENER IMÁGENES POSITIVAS MÁS TIEMPO EN NUESTRA MENTE

Nuestro cerebro «habla» con imágenes que asocia a palabras y emociones. El problema radica en que la mayoría de las cosas que pensamos a lo largo del día tienen una tendencia negativa. Por lo tanto, a lo largo de una jornada nuestro cerebro se ve inundado por imágenes de corte negativo, lo cual nos conforma, en cierta medida, un carácter que tiende a su vez al pesimismo.

Para cambiar este aspecto es fundamental que hagamos ejercicio de conciencia, intentemos eliminar, anular o contrarrestar todas las imágenes negativas que nos vengan a la mente. Un ejercicio que resulta muy efectivo para realizar esta última acción es elegir una imagen positiva, sobre algo que deseemos en nuestra vida, y después visualizarla en nuestra pantalla mental con todo lujo de detalles, el máximo de tiempo posible. Debemos recrearnos en la imagen y en la sensación que nos produce. Es bueno realizar este ejercicio varias veces al día, al menos tres minutos. Haciendo esto, esta imagen quedará grabada en nuestra mente y poco a poco irá trabajando en silencio para atraer a nuestra vida aquello que deseamos.

6) AGRADECIENDO LO QUE YA TENEMOS

No hay elemento de mayor fuerza en el universo que la de agradecer, de estar agradecido por todo aquello que tenemos y además, nos hace sentirnos bien. Agradeciendo lo que tenemos, le estamos diciendo a la vida que queremos más cosas positivas como esas en nuestra existencia. Y, por otro lado, también le estamos recordando que valoramos las cosas materiales, las experiencias y las señales de carácter positivo que aparecen en nuestro día a día. El universo sabe escuchar y ya verás como agradeciendo, tendrás muchas más cosas que poder agradecer.

7) REFORZAMIENTO DE LA SINAPSIS NEURONAL

El cambio se produce en un instante. Una serie de neuronas se encienden juntas y dan lugar a una nueva red neuronal, que se crea de forma instantánea. Que sea duradera o no, ya depende de que la reforcemos constantemente hasta que sea tan sólida que resulte complicadísimo que esas neuronas dejen de activarse a la vez.

¿Y cómo conseguiremos reforzar esa red neuronal? Repitiendo, repitiendo, repitiendo. Repitiendo sin cesar hasta que el cambio quede tan claro que no haya lugar a dudas.

Si, por ejemplo, queremos dejar de sentir ira cada vez que nuestra pareja nos diga alguna cosa que nos moleste, tenemos que repetir una y otra vez el nuevo procedimiento (por ejemplo, respirar y marcharnos de la habitación) tantas veces como sea necesario para que quede desmemoriada la ira y se grabe la nueva reacción.

Haz los cambios que quieras en tu vida y refuérzalos con repetición y toda la carga emocional positiva que puedas.

8) SER FELIZ PORQUE SÍ

¿Y si dejases de quejarte por todo y decidieses ser feliz porque sí, sin ninguna otra razón? Aprendí esta técnica de Marci Shimoff (recomiendo encarecidamente su libro «Feliz porque sí»,[3] y todas sus conferencias y seminarios). De lo único de que se trata es de «aceptar» lo que viene, agradecer y ser feliz pase lo que pase. Puede parecer una estrategia un poco radical y difícil de cumplir en los tiempos que corren donde todo son quejas y pesimismo. Sin embargo, es como una rana que contiene un príncipe o una maravillosa princesa encantada en su interior. Cuando te postulas, inque-

---

[3] «Feliz porque sí», Marci Shimoff. Urano, 2008.

brantablemente, en tu actitud de felicidad y alegría sin ningún motivo, los motivos empiezan a aparecer por todas partes. No sé dónde leí una vez que no atraemos lo que queremos primordialmente, sino que atraemos lo que somos. Y es verdad. Si somos alegría infinita e incondicional, atraemos más razones para sentirnos alegres.

Siendo de esta manera, ninguna emoción negativa podrá contigo, seguro.

9) ESTAR MUCHO MÁS TIEMPO EN ALPHA O EN THETA

La meditación o la autohipnosis produce relajación física y mental, produce endorfinas, e incluso reduce en un 50% la mortalidad y el riesgo de sufrir paro cardíaco o infarto cerebral, aumenta el sistema inmunitario… Por no decir que también mejora tus horas de sueño y descanso, la concentración, la agilidad mental, te ayuda a equilibrar el funcionamiento de los dos hemisferios cerebrales, aumentando la plasticidad cerebral y disminuyendo la actividad metabólica neuronal.

En fin… los beneficios de practicar meditación o autohipnosis son desproporcionados con respecto al poco tiempo que nos roba. ¡Ponte a ello, no lo dudes, tu cuerpo y tu alma lo notarán!

10) VIVIR EL ÉXITO

Nuevamente cerramos con la actitud que nos lleva al éxito, sentirnos ya ganadores. Vivir el futuro en lugar del pasado. Sentir que ya tenemos aquello que queremos.

Es curioso que, como explica Gregg Braden en varios de sus libros[4], nuestros antepasados rezaban de una manera muy peculiar que se ha perdido con el paso del tiempo. Ellos no rezaban a un dios al que rogaban para que les diese aquello que querían. Mucho menos ofrecían el canje tan maniqueo de «si tú me concedes esto, yo me portaré bien a partir de ahora o haré eso o aquello». Nada que ver. Rezaban agradeciendo a su dios por darle YA lo que deseaban en el fondo de sus corazones. Sus rezos eran mantras donde expresaban su alegría por haber recibido. Ya eran merecedores de aquello que anhelaban. Y su dios se lo daba por el simple hecho de existir, sin más compromisos ni canjes raros.

Pues así debemos actuar nosotros HOY. Aceptando que ya tenemos lo que queremos, y que lo tenemos en este preciso instante. Si de verdad creemos en ello, mandamos nuestra energía de agradecimiento al universo y nos sentimos dichosos AHORA por lo que ya está llegando. Esa es la actitud que cierra el círculo: pensar que ya somos quienes queremos ser; pensar que los cambios ya se han producido de la manera

---

[4] Recomiendo sobre todo «Secretos de un modo de orar olvidado». Sirio, 2013.

que nosotros queremos que se produzcan; pensar que nosotros con nuestros pensamientos y sentimientos creamos nuestra realidad, porque es así, nosotros creamos nuestro destino, tanto si lo hacemos conscientemente como si no. James Allen lo sabía, nos abrió muchas puertas con sus descubrimientos, es uno de los «culpables» de lo que somos nosotros hoy en día y a él debemos que nos aportase luz en este ilusionante camino, el camino que nos llevará a la sabiduría y la verdadera libertad. Como es obvio yo te recomiendo que empieces a experimentar y que te demuestres a ti mismo que esto es verdad. Te aseguro que si lo haces con fe y disciplina, tu vida se convertirá en la vida de tus sueños.

Raül Pere

«La fe es el motor del mundo; la fe en lo desconocido, en la aventura de vivir, en los sueños imposibles que se consiguen por medio de la imaginación.»

ÍNDICE